Gabriele Wohmann
Grund zur Aufregung

Gabriele Wohmann
Grund zur Aufregung
Gedichte

Luchterhand

Lektorat: Thomas Scheuffelen
Umschlag von Kalle Giese
Ausstattung von Martin Faust

Gesamtherstellung bei der
Druck- und Verlags-Gesellschaft mbH, Darmstadt
ISBN 3-472-86454-0

Engadiner Nußtorte

Am besten wir benutzen unsere Geheimsprache
Wir sind doch diese zwei kleinen Schwestern
Von früher geblieben und miteinander ist es uns
Unverändert immer zu ernst für ernste Sätze
Wir reden uns mit den verschiedenen Spielnamen an:
Hallo Frau Specht hier spricht die Frau Stieglitz!
Zwischen unseren Anführungszeichen fühlen wir
Uns sicherer vor dem zu großen Gefühl
Das lassen wir Stellvertreterinnen äußern.
Auf den Holzstufen im Treppenhaus
Sind wir weit herumgekommen zusammen
Wir übten an den Puppen die Erziehungsfehler
Vor denen wir bewahrt worden sind
Das waren unsere Eltern die auf uns Rücksicht nahmen:
Wir brauchten wirklich jede einzelne Stufe dringend.
Im Lehrstoff Zärtlichkeit kann man unseren Rekord
Nicht brechen. Kaum sehen wir uns
Da müssen wir auch schon unsere Stimmen verstellen!
In den Kinderrollen glückt uns sogar
Das Erwachsensein; nur bin ich doch dagegen
Daß du im großen dichten Garten von damals
Dich nicht mehr in der Hängematte in einen ruhigen Traum
Schaukeln kannst, wie viel zu zart du bist
Auch fürs Autofahren, für die Halbtagsarbeit
Für den Betrieb auf dem Bellevueplatz und das ganze Obsternten
In deinem Garten und außerdem für alles.
O ja, meine Schwester, das ist eine, über die
Selbst Menschenkenner sich täuschen!
Weil sie sehr leise und nicht viel spricht
Traut man ihr grenzgängerische Leidenschaften nicht zu
Schon in unserer Kindheit war sie die Mutigere von uns

Nur angeblich, nur vorsätzlich bin ich es gewesen,
ich war lauter –
Du bist meine Schwester, die eine Wette gewinnen wollte.
Während ich nur geschrien habe
Bist du vom Balkonrand abgestürzt
Du bist mit mir zusammen neben unseren
Betten auf der Stelle tretend gelaufen
Wir haben den Transport ins Traumland
Abend für Abend immer noch erreicht.
Nach so viel gemeinsamer Biographie
Kommt mir unsere Trennung verkehrt vor.
Meine Schwester lebt schon seit Jahrzehnten
Im Ausland, erzähle ich angeberisch, in der
Schweiz fühlt sie sich längst zu Hause.
Meine Schwester ist am Zürichsee
Verwegener als wir alle zusammen:
Sie sorgt beispielsweise
Für ein großes Zutrauen und für kleine
Pädagogische Schnitzer im Umgang mit dem jüngeren Bruder
Sie redet trotzdem jetzt fast tonlos
Das reizt schließlich ihre beste Freundin
Du bist eigentlich zu ehrlich für Kontaktpflege.
Meine Schwester ist die einzige ungefähr gleichaltrige Frau
Die mir nicht auf die Nerven geht.
Du kümmerst dich um deine Gartenpflanzen
Du ekelst dich vor den Nacktschnecken
Wagst dich dennoch ins Gras
Ich habe die Angst von früher um dich nach deinem
Scharlach
Du solltest dich etwas mehr schonen
Aus lauter Liebesverzweiflung habe ich dich
Von einem Trottoir auf Langeoog gestoßen
Jetzt sorgst du dauernd für Frieden
Wir umarmen uns in einer vorsichtigen Karikatur.
Als junges Mädchen – als wärst du das nicht
Geblieben – da hast du beim Absetzen deiner Brille

Die ganze Familie vor Wonne über deine Augen
Aufstöhnen lassen: es sah eher zu schön aus
Es hat uns eher in einen kleinen Schrecken versetzt
Wie das andere Staunen über dich: du bist gerade noch
Völlig verschlossen, still und vorsichtig gewesen
Das Nachdenken über dich war nicht nötig
Der Vorstellung von dir hast du entsprochen
Bis du, etwas widerwillig dem Drängen
Nachgebend, die Bratsche unter deinen
Jugendstolz, den Geigerfleck, geklemmt hast:
Da gibt dir die Musik eine unerwartete Macht
Du wirkst jetzt fast allzu tollkühn und leichtfertig auf mich
Spiel dich nicht so weit von uns weg!
Komm zurück, Schwesterchen, du giltst doch als bescheiden
Stellst aber fast maßlose Ansprüche
An die Bedingungen unter denen gelebt wird.
Eigentlich möchte meine Schwester
Nicht über die kommenden Mahlzeiten reden
Nicht mit den netten Amateuren
Das Forellenquintett spielen
Während sie weiterhin ihre Betreuungsämter ausübt
Zärtlich beunruhigte Briefe schreibt
Blumen und unsere Gesichter photographiert
Und keine Experimente macht: wie wäre es
Den Regen mal mit einem Filmtrick
Festzuhalten, einfach Regen wie für immer?
Während sie ungeduldig die Geduld absolviert
Und eine Unmenge Taschentücher vom Bruder wäscht
Für mich bei Sprüngli eine Engadiner Nußtorte bestellt
Die Verwöhnungen fortsetzt, anwendbar ist –
Eigentlich möchte sie sich entfernen
Und wie von der Ewigkeit angelockt ungefähr
Den Eisbergen entgegenlaufen, auch der Schiffahrtslinie
Den Horizonten, in einem Rausch, eigentlich
Immer schneller, sie ist schön jetzt in der
Viel zu dünnen Luft, hör mal, das bekommt dir

Mit deiner zarten Konstitution wirklich nicht
Der Piz Gertrud nicht, der hohe Seegang nicht
Komm zurück, setz lieber wieder deine Brille auf
Und die Bratsche ab, du entfernst dich sonst, bleib!
Meine Schwester möchte vielleicht plötzlich
Nicht mehr unaufhörlich meine
Schwester sein.

Erstklassige Adresse

Erzähl mir doch von ihm, wie sieht er aus?
Der weiße Klinikkittel steht ihm gut
Die Gegend dort ist wie für ihn erfunden
Mit vielen Vögeln in dem alten Baumbestand
Er hat sich einen schweizerischen Tonfall
Auch schweizerische Umgangsformen angewöhnt
Das nützt ihm sehr, ihm nützt erst recht
Das alte Fernglas – lieb von dir
Das alte Fernglas dann doch hinzuschicken
Ach sein Verbannungsort
Ist eigentlich der beste Platz
Für Immobilieninteressenten auch
Ein ehrwürdiges Psychologenpflaster
Ringsum die alten Villen
Alte Schlehdornhecken –
Nun rede doch von ihm, was sagt er so?
Der Taxifahrer sagt ERSTKLASSIGE ADRESSE
Zu meinem Fahrtziel, hörst du – was sagt ER?
Wir reden Unverfängliches und viel vom Regen
Dort regnet es noch altmodisch
Jahrhundertwendezeiten und Sommerjahrgänge
Aus Bilderfibeln könnten so gewesen sein
Beruhigt dich das? – Ich wüßte lieber mehr von ihm
Wie sieht er aus? – Ich sag dir doch: sehr gut
Der weiße Kittel und das dunkle Haar
Er ist beliebt, er schreibt nicht
Weil die Therapeuten das empfehlen
Du mußt das einsehn – doch was ist mit mir
Soll ich ihn auch vergessen? – Aber nein du bist
In keiner Klinik, bist gesund!
Ich war nicht zum Vergnügen in der Schweiz
Ich bin nie nur für mich

In Zürich, meiner Lieblingsstadt,
Auf die der Schicksalsschatten fällt
Dort gibt's noch Schatten, die Büsche
Sehen wie mit viel Geduld gezeichnet aus
Ich tue mich hervor mit meiner Schuld an allem
Er winkt nur ab und zeigt den Weitblick
Mit Seestück und bei Föhn
Sieht man die Glarner Alpen.
Gut für die Ferne in der Kammer
Ist das Fernglas
Er schaut ein Volksfest an unter dem Vollmond
Ihm graut nicht mehr so sehr
Vor diesen ganzen Sternen
Dem viel zu großen Kosmos, das Gefängnis
Ist draußen er ist endlich drin
Wir alle können, jetzt
Mit der Zutat Fernglas/Fernsicht ruhiger
Sofern wir an ihn denken an ihn denken.
Daß er kein Heimweh hat und beim Gewitter
Nach Timor oder Mexiko sich träumt
Und nicht zu uns
Ist doch kein Liebesmangel.
Mütterlich von dir
Ohne auf Dank zu zählen endlich
Doch das Fernglas hinzuschicken.
Vieles versteht man nicht,
Zuletzt das, und es kommt drauf an zu lieben –
Dann fing es wieder an zu regnen:
Schön, wie? Und: Machs gut!
Lang bin ich nicht geblieben.

Schöner Augenblick

Ich breche auf, das dauert schon zu lang
Nur weiter und nur weg mit mir
Das schnelle Fahrzeug paßt mir sehr
Die Gegend sieht vertont genug aus
Was ich jetzt fühle hab ich schon beschrieben.
So unfreundlich so aufgeregt
So höflich war ich allzu oft
Der Eindruck hier ist auch nur wiederholt
Ich weiß doch auswendig wie das dann wird.
Mir geht die Luft aus, mir zuerst:
Du guter alter günstiger Moment
Das Angebot ist mir zu groß
Ich frage nicht nach so viel Dauer
Von mir aus brauchte sogar Schubert
Nicht ganz so viele Lieder komponiert zu haben.
Diese Empfindung jetzt wird schön
Und mir zu mühsam
Leer ahme ich ein Glücksgefühl von neulich nach
Der kleine Wald der in Gefahr ist
Betrifft mich mehr als dort das ganze
Baumstamm- und Laub- und Nadelholztheater
In Finnland diese Forstverschwendung.
Ich höre früher auf und bin schon früher fertig
Als ein Beglückungsvorschlag jeweils.
Auch der Genuß ist abgehakt
Das Meer ist dauernd aller Achtung wert
Der Berg, das Panorama, diese Böschung ebenfalls
Ich bin nicht dauernd fähig aufzustöhnen.
Von der Geduld der Sonnenuntergangsgemeinde
Am Strand versteh ich nichts der Mond geht auch
Zu langsam auf, der Vollmond geht
Und geht und geht nicht weiter – längst erledigt

Was sie jetzt sagt weil ich
Das sage weil er das gesagt hat
Weiß ich im voraus – weg mit mir.
Nach der Lektüre eines Kompliments
das mich betraf
War ich für einen ganzen Tag versorgt
Ich habe jeder anderen Erfahrung abgewinkt.
Nicht jedes Schlendern durch den Wiener Wald
Ergibt so viel wie diese Impromptus
Und doch bin ich beim letzten Drittel
Etwas ungeduldig ohne Auffassung gewesen.
Ergriffenheiten griffbereit
Wohin ich blicke.
Und noch der unscheinbarste Bahnsteig
Macht seinen Antrag: schöne Schwermut
Oft benutzt – schnell weiter, fort von hier
Wie langatmig der Sternenhimmel
Dauernd sehr gut aussieht.
Ich kann nicht ständig überrascht sein
Nach dem zweiten Reh war ich mit Rehen eingedeckt
Und für den restlichen Spaziergang
Wunschlos verriegelt – so viel Wirklichkeit
Muß ja nicht unaufhörlich sein, einmal genügt mir
Sag ich zum Lichteinfall
Im Seitenchor, Duisburg, St. Martin.
Ich brauche nur Sekunden, du aber
Überdauerst mich, du guter alter günstiger Moment
Du schönes Angebot, und ich erschrecke –
Es regnet nicht wie zum Beweis
Fast bin ich froh darüber
Denn ich müßte länger als ich kann
Regen genießen, etwas fühlen
Stehenbleiben, warten . . .
Wenn nur der SCHÖNE AUGENBLICK
Nicht Ernst macht und VERWEILT!
Vorübergehend nur, du LIEBENDES GESCHICK

Bin ich erreichbar – weg mit mir
Das dauert mir zu lang, ich breche auf
Ich habe mich geeilt.

Später Nachmittag

Glücklich stehe ich an der Haltestelle
Beim Abwinken der 8
Rechts in der Manteltasche
Fasse ich meinen Rückfahrschein an
Ich habe euch so lang es ging nachgewinkt
Die Leute die uns beobachtet haben
Sind unseretwegen ein wenig neidisch geworden:
Was für einträchtige Beziehungen zwischen den Generationen.
Diese Verwandten wirken jetzt ganz erledigt
Die Alten machen einen dankbaren Eindruck
Die Tochter übertreibt alles: lieb von ihr
Sorglos sieht sie jetzt aus
Ich bin erleichtert
Eine Zeitlang wird
Unsere Verabredung vorhalten.
Worauf freue ich mich denn?
Es ist meine Rückkehr
Es ist früher als vorgesehen
Ihr seid auch dafür gewesen,
Vor dem Hauptverkehr eine Straßenbahn
Mit euren Lieblingsplätzen zu erwischen.
Große Vorfreude, richtig! Zu allererst
Werde ich die Schuhe ausziehen
Die Strümpfe loswerden
Und du wirst mir folgen
Bis an die Badezimmertür und zuschauen
Wenn ich meine Füße wasche
Es gibt die paar üblichen lieben
Auch komischen Einzelheiten zu erzählen
Gerührt könnte man sein über alte Leute.
Ich weiß heut abend so inständig zu schätzen
Daß wir essen und trinken

Und sogar zwei Spätfilme vor uns haben
Einen mit Jack Lemmon.

Winterferien im Waldgebiet

Das Entzücken über Schnee auf Ästen
Kann nicht geklärt werden, habe ich
Plötzlich leider erfahren.
(Warum leider: weil ich es beschreiben wollte.)
Ich muß zuerst seine Herkunft herausbekommen.
Auf einmal schien mir das Entzücken
Die Sehnsucht nach dem Entzücken zu sein
Das Heimweh selber
Nach zu Hause
Mitten im dortigen Schneemoment.
Der Vater hat mich mal für eine Zeitlang
Aus dem Auge lassen können
Es ging sorgenfrei zu bei mir.
Da am letzten Tag
Vor meiner Abreise aus dem Waldgebiet
Hat der Vater einfach Gefallen gehabt
An einer Gratisgabe
Die Zugabe, ja, die Zugabe!
Und er ließ den Schnee
Auf dieses kleine Lebensstückchen fallen
Auf diesen Tag, in diesen Augenblick – ja –
Die Welt ist in lauter Dreiecke eingeteilt
In meinem war der Hinweis und die Erinnerung
Das Entzücken über Schnee auf Ästen.

Die Verwandten

Ein bißchen renommieren kann man schon:
Ein Zufall hat in diesem wahnsinnigen Gewimmel
Von Menschheit Ernst gemacht mit einem
Aus unserer Verwandtschaft, einer einzelnen Person!
Mein Bruder war es wert, ich fühle mich wahrgenommen
Denn ich erzähl das weiter:
Allmählich geht es besser
Ja, er darf schon wieder gehen
Dort geht mein Bruder langsam
Er hat Angst in dem Gerüst
Aus Tropfkanälen, Blutabtauschgestänge.
Das bringt mich zur Verzweiflung wirklich
Mein Gefühl, nicht AUSERWÄHLT zu sein.
Jetzt aber hat mein Bruder
Mich angenehm herausgenommen
Und ich habe Grund zu trauern:
O ja, wir sind gemeint, auch wir
Die winzigen Verwandten
Sind überlebensgroß ins Bild gerückt
Das Pflegepersonal, der Oberarzt, die Polizei
Das Unfallkrankenhaus, die Zeugen und ein Rechtsanwalt
Versicherung und Krankenkasse
Sie tun ganz so als ob wir WIRKLICH wären,
Dazugehörten wie die andern Katastrophenopfer
Es gibt doch immer nur so viele Inder
Wie abends auf den Bildschirm passen.
Wenn ich schlafen will, so kann ich, lieber Bruder
Mit deiner Hilfe mich zu Glut verleiten
Es sieht ja zum Verwechseln nach GEBET aus!
Es ist nicht ohne Sinn gewesen
Daß wir jemals Kinder waren
Wir haben PHILOSOPH UND GÄRTNERKNECHT gespielt

DEBILES KIND UND KOMPONIST gespielt. Erinner dich
An uns von früher. Wir waren sicher im Gefühl
Es gibt nur uns und die paar anderen Verwandten.

Lieber nicht

Zuallererst muß der Fragesteller sich
Eine Vorstellung davon machen können
Mit welchem MATERIAL und TEMPO
Er am unauffälligsten einsetzt.
So lang kein rechter Begriff davon
Wie sich das anhört – in der Mittagszeit? –
Dem Fragesteller möglich ist
Bleibt es ohrenbetäubend still.
Es muß wie ein Zufall erscheinen.
Es muß als fast völlig unwichtig erscheinen.
Wäre nicht der Gedanke daran aufgekommen
So hielte ich es für fast völlig überflüssig.
Als hinge nichts weiter davon ab für mich.
So muß eine abschlägige Antwort bereits
In die TONGEBUNG und ins STIMMGEFÄLLE
Der Frage montiert sein.
Es muß sich gleichgültig anhören.
Du mußt unbedingt bedingungslos
Die Freiheit behalten
LIEBER NICHT zu sagen.
Nein, heute wollen wir auch wieder
Lieber nicht auf den Friedhof gehen.

Sie macht sich aus dem Staub

Eine Person ohne eigene Konflikte.
Sie hat bloß ein Phantomherzklopfen
In rheinischen Vorstädten.
Aber sie geht auch zu rasch
Ruhig vorbei an Briefkästen, Pharmareklamen
Die Telephonzellen sind sicher vor ihr
Jetzt denkt sie an geregelte Mahlzeiten.
Ein wenig enttäuschend wirkt sie schon
Weil auch auf dem Sektor Alkoholmißbrauch
Nichts mehr von ihr zu erwarten ist.
Sie salzt etwas zu fanatisch.
Sie macht sich aus dem Staub und nimmt
Die jeweils früheren Züge –
Ach, das wird eine schmächtige Liste
Von unscheinbaren Defekten.
Wir hatten viel übrig für sie von damals
Sie war ein Gesprächsstoff
Man konnte sich auf ihre Seite schlagen
Kopfschüttelnd, aber mutig aufgeschlossen
Mit der Entscheidung für sie
Und das Unbequeme, nur nervös
Das ist sie schon noch.
Ohne jede Risikofreude leider:
Sie schaut sich frisches Obst
Von innen an ehe sie zubeißt
Sie war wirklich leicht zu erschrecken
Ein einziger Wurm genügte ihr
Für den verallgemeinernden Ekel
Und den gerechten Zorn auf
Lebensbedingungen.

Die Angst vorm Drankommen

Auch die Patientin mit dem erhitzten Gesicht
Scheint verdächtig
Sie sitzt auf ihrem Vorzugsplatz
Neben dem offiziellen Wartezimmer
Schon wird die gewöhnliche
Die auf alles gefaßte Klientel des Facharztes eingelassen
Warum kommt die alte Dame auch immer zu früh
Über ihre Aufregung vor den Routinekontrollen
Könnten die Praxisgehilfinnen sich lustig machen
Die üblichen Altersbeschwerden
Ich werde alles runterspielen
Plant die Frau auf dem Vorzugsplatz
Den Schwindel will ich weglassen
Sie dürfte nur nicht so benommen sein, diese Müdigkeit
Das ist der versäumte Mittagsschlaf, weiter nichts
Die ihrem Wesen nach gutartige Frau
Mit der Angst vorm Drankommen fühlt unversehens
Daß sie die vergnügten jungen Mädchen
Mit ihren festen Verabredungen für die Freizeit
Mit ihren geschickten Bewegungen in den Räumen der Praxis
Nicht recht ausstehen kann
Und sie stört ja auch
Warum vergißt sie immer wieder
Sich ein bißchen anzustrengen
Und den Bauch etwas einzuziehen
Eine Sonnenbrille aufzusetzen
Man ist ja fast gezwungen
Den harmlosen klinischen Befund
Die leichte Konjunktivitis
Mit einem Kummer zu verwechseln:
Als würde sie viel zu oft weinen!

Bunter Nachmittag

Jetzt habe ich aber mal wieder für eine Zeitlang
Einfach genug davon ein geduldiger Mensch zu sein
Das Geburtstagsfest ist mir im Rückblick
Wie ein BUNTER NACHMITTAG vorgekommen
Als einziger großer schlechter Witz war nur noch
Das Geschlechtsleben der erwachsenen Menschen
übriggeblieben
Aus sämtlichen Hiobsbotschaften
Ist ein lächerliches Fazit zu ziehen
Herum liegen die dreckigen Pointen
Und schnell kann wieder gelacht werden
Wie schön daß unser aller Zusammenleben sich jederzeit
Als unglaubliche Unanständigkeit herzeigen läßt
Man sollte sich schon wirklich
An diejenigen Gesprächspartner halten
Die in der richtigen Dosierung angetrunken sind
Herüber zu diesem Grüppchen
Mit dem Pornographie-Experten in der Mitte
Eine noch trauernde Witwe unter den Gästen
Hat fast überhaupt nicht gestört.

Das bestrafte Kind

Plötzlich war das bestrafte Kind
Mir egal, dieser Eindruck
Es hat sich an die bestrafenden Erwachsenen gedrängt
Ich wollte das keiner Beschreibung für wert halten
Gib dir keine Mühe, du mußt dich schließlich
Auch einmal zwischendurch ausruhen
Also Schluß jetzt mit den sozialen Blicken
Ich werde mich später drum kümmern.
Dann aber nach dem Beschluß ENTLASSEN zu sein
Habe ich für den häßlichen gelben Briefkasten
Kein Gefühl mehr aufbringen können
Auch nicht für das eigentlich ganz schöne Modell
Von Simca/Chrysler und für den einwandfrei gelungenen
Entwurf
Vom Baum im Spätherbst, Ahorn oder etwas in der Art.
Wieder also ans bestrafte Kind denken
Aus dem Stegreif haben die Erwachsenen zugeschlagen
Nur das Spielzeug ist ihm noch treu geblieben
DAS KIND KLAMMERT SICH AN SEINE FEINDE
Habe ich dauernd in mir aufgesagt
Und meine zwecklose Wahrnehmung von vorhin
Ist mir zum Vorteil geworden.

Der alte Mann

Wie aber habe ich vergessen können
Daß es diesen Anblick gibt, unter anderm
Den ängstlichen alten Mann
Der am Stock jetzt weitergeht nach einer Pause
Seine Stirn ist zu blaß
Er sieht besorgt aus und könnte gut
Mit einer freundlichen Person – träfe er sie doch
Wenn er mich zufällig doch träfe
Erleichtert lächeln, ja er freut sich
Weil es ihm wieder einmal geglückt ist
Für eine neue Wegstrecke genügend Atem anzusammeln
Und eine Überraschung wäre nun
Wirklich schön für ihn
Er beansprucht nicht mehr allzuviel Zeit
Er lebt ein wenig mutlos, finden Sie nicht
Etwas Vorgetäuschtes hat das alles doch mittlerweile
Wie ihn das kleine Abenteuer, diese List:
Die nächsten paar Schritte, jedesmal fröhlich umstimmen.
Ich sehe dem alten Mann nach
Es wäre kein Zufall, wenn jetzt zufällig
Ich hinter ihm herliefe, ihn aufhielte, ihn
Vorsichtig begrüßte – seine Stirn ist zu blaß
Alles ist nicht mehr so dringend in seiner Nähe.
Seinen Wintermantel wird
Keines der Kinder so recht von Herzen
Haben wollen.

Am Sonntag

Dann endlich spät an diesem fahrigen Sonntagnachmittag
Erfuhr ich von dem Anblick
Den in diesem Moment meine Mutter bot
In der Sofanische unter dem alten Familiengemälde
Das Untere vom Streuselkuchen mit Quittengelee essend
In die Teetasse warf sie ein Stück Zucker zu viel
Es hat draußen endlich aufgehört mit dem Hochdruckwetter
Und auch im Zimmer ist von jetzt an
Das Licht versöhnlich gewesen
Meine Mutter dort in der Nähe ihrer Schwester
Die so im Sessel saß
Daß sie sofort den Telephonhörer abnehmen
Und mich begrüßen konnte
Unsere Standuhren fingen gleich
Einen freundlichen Dialog an
Die dritte, viel jüngere Schwester, die eine Musikstunde
Vorbereitete, habe ich lachen gehört.
Als ich in dieses Genre-Bild geriet durch die Beschreibung
Die meine Tante, im Sessel mit einem Heizkissen,
Mir geliefert hat
Unaufgefordert
Völlig im klaren darüber, was ich jetzt brauchte
Und weshalb ich überhaupt angerufen hatte
Nämlich in der törichten Hoffnung
Ganz genau diese Lage geschildert zu bekommen
Anstelle der schlechten Nachricht.
Als ich der geduldigen Nacherzählung Vertrauen schenkte
Der richtig ausgeleuchteten Anordnung
Von Personen und Möbeln und den übrigen Gegenständen
Kunstgriffen beim Tee, guten Einfällen für Streuselkuchen
Da habe ich es wie erlöst

Plötzlich nicht mehr für überflüssig gehalten
Daß ich noch Lebenszeichen von mir gebe:
Sogar an einem Sonntag!

Mein Nepalese

O doch ich weiß genau daß meine dicke Freundin
Die Lisbeth Ängste hat und leidet
Das geht schon Jahre so
In wirklich guten Außenweltbedingungen
Klagt meine Freundin nur über den Berufsverkehr
Wenn sie noch schlafen will berechtigt
Sonst sieht man kaum was das erklären könnte
Warum die dicke Lisbeth drauf bestehen muß, so dauerhaft
Inmitten ihrer wirklich sehr bequemen Privilegien
Oft nicht mehr aus noch ein zu wissen.
Bald wird sie jemand sein
Bei dem man lieber abwinkt:
Erzähl mir nichts von Lisbeth
Das ist stets das alte Lied
Angst/Überdruß, die alte Leier, und AUS TIEFER NOT
Nur wenigstens doch immerhin noch AUFZUSCHREIEN
Ist sie ja schon zu faul geworden
Schau: stattdessen gähnt sie!
Nun stör mich nicht
Lies diesen Zeitungsausschnitt gründlich:
Beim TAGESLAUF DES NEPALESEN Q kann ich
schlecht weiteratmen
Und meinen Schluckreflex
Lähmt jetzt die Furcht davor daß wir
– Die dicke Lisbeth und der Nepalese
Und auch ich gleichzeitig –
Nicht ernstgenommen werden können, keiner einzeln.
Ein Überblick muß her, so eine Art Erbarmen
So etwas wie ein Rahmen
Um das Bild vom Nepalesen und von Lisbeth
In dem angenehmen Vorort
Wenn sie morgens schließlich aufsteht ohne ein Motiv

Mitten im Jammertal
Darin sie biologisch immer adipöser anschwillt
Darin der Nepalese fast ein Glück empfindet
Weil schon wieder
Kein Mitglied seiner hungernden Familie
Verhungert ist
Sehr schlecht hält auch nur leichten Hunger
Die dicke Lisbeth aus. Wie alles leider.
WAS FÜR EIN LEBEN
Hat man sie früher wenigstens noch ratlos schimpfen hören.
Als Lisbeth jünger war da gab sie Lisbeth-Feste
Berühmt für den Ruin der dicken Lisbeth in den Morgenstunden
Ihr ziemlich strenger Mann sah Glanz und Elend fast
Mit Wohlgefallen und auch als Entlastung an
Wer Lisbeth liebt
Tut alles um sie zu zerstreuen.
Ein Vollrausch! Ablenkung! Vergiftung! Große Pläne
Mit Lisbeth, meiner dicken Freundin, nun vorbei
Nun ist sie eine
Vor der man sich mit einem Seufzen drückt
Schnell weg und schnell zum Nepalesen Q
Zu seinen Bildern, Wörtern, Zahlen in der Ferne . . .
Auf einmal kann ich schlechter atmen
Weil Lisbeth sich in meiner Nähe quält.
Ich lese in der Zeitung daß der Nepalese
Keine Wahl noch Chance hat
Es kommt mir plötzlich leichter vor zu schlucken
Wenn ich Zeitung lese
Im angenehmen Vorort sollte meine dicke Freundin Zeitung lesen
Das angeschwärzte Photo mitten im Bericht
Als einen Wink verstehen
Benebelt und gerührt von Solidarität: der Widerspruch
Ist das Erkennungszeichen!
Das Leid der Lisbeth ist ein Leid für Spezialisten

Man muß schon sachverständig oder guten Willens sein
Um meine dicke Freundin zu beklagen.
Zu unbestreitbar ist das Leid des Nepalesen Q
Dem kommt nichts in die Quere, er ist ohne Schuld.
Für meine dicke Freundin
Dort in dem Konsumrausch: Gnade!
Sieh diesen Gegensatz
Die beiden zu Komplizen machen; daß sie
Überhaupt doch leben können
Geht hier so schlecht wie da, ist gegen die Vernunft.
Besonders gut ist mein Gewissen nicht
Wenn ich doch rede
Und überrede: HIMMEL LASS ES WEITERGEHEN –
Auf einmal kann ich in der Lisbeth
Meiner dicken Freundin
Vorübergehend, vorsichtig und ganz von weitem
Unscharf, gestochen scharf
Ja MEINEN Nepalesen sehen.

Grund zur Aufregung

Auf einmal beim Anblick unserer Kaffeetassen
Von denen wie in einem Werbespot Dampf aufstieg
Hat es mich beruhigt
Daß demnach ich verantwortlich sein konnte
Für diesen aufsteigenden Dampf über diesen Tassen
Für einen Eindruck, ich hatte ihn herstellen können.
Während ich mir den ganzen kleinen Vorgang bewußt machte
Ihn auseinandernahm
Und in übersichtlichen einfachen Einzelheiten anschaute
Immer noch wie überrumpelt von einer Überraschung
In einem Frieden, der über mich geschlossen war
Was ich jetzt erst erfuhr
Während ich so meinen kurzen Film ESPRESSO betrachtete
Da merkte ich: er war nicht belanglos.
Sofort kam es mir bedingungslos unwahrscheinlich vor
Daß ich der Urheber sein konnte, jemals wieder
Vom Anblick unserer Kaffeetassen
Vom aufsteigenden Dampf
So etwas Ruhiges
So etwas ist ausschließlich
In einem Werbespot möglich
Nicht für mich.
Sofort konnte ich nichts mehr ausüben was ich mir vorstellte
Ich stellte mir dummerweise das Schlucken vor
Das Hinfassen zur Tasse, das Ergreifen, Anheben
Und bin gelähmt geblieben.

Guten Morgen

Die Nachbarn sind freundlich und zuvorkommend
Es macht jeden Morgen meine Umgebung so verständlich
Wenn ich, aus dem Eßzimmerfenster schauend
Die Kinder sehe, alle haben mich gern
Mir tun sie leid, auf dem Schulweg
Ja, die Leute brechen auf, bei mir ist nichts mehr
So übertrieben dringend
Irgendwelche Verabredungen mit mir
Kann man ja immer genau so gut verschieben
In Schwierigkeiten gerate ich auch kaum
Wenn ich Hilfe brauchte, meine Kinder wären zur Stelle
Ziemlich stark beanspruchte und beschäftigte Kinder
Aber besorgt, zärtlich und so weiter.
Dieses stabil gebaute Haus im Grünen Viertel
Steht wie nutzlos herum
Es wird ein wenig verschwenderisch bewohnt
Von nur einer Person, einer Witwe über 70,
Sagen die wohlmeinenden Nachbarn beinah nie.
Ein guter Umkreis, wenn das Überleben
Alles in allem überhaupt statthaft ist.
GUTEN MORGEN, MEIN LIEBES!
Da war einer
Fast lebenslänglich, es hätte nicht viel gefehlt
Der das einfach so zu sagen gewagt hat
Ohne Vorfragen zu stellen
Ohne sich über mich zu erkundigen
Mit seiner wie beiläufigen Morgenentscheidung
Gegen Gerechtigkeit, für das Gernhaben
Der einstige Hausherr hat es für zulässig gehalten
Das Äußerste zu behaupten. Ich muß wirklich
Dankbar sein, und jetzt will ich die Zimmer saubermachen.

Sie verstehen es, einen Verlust zu tragen
Könnte im Tagesverlauf wieder einmal
Der etwas schwerhörigen Witwe zu Ohren kommen.

Die Reise ohne mich

Unterwegs in der unbequemen bayerischen Oberpfalz
Fand ich es dauernd günstig
Daß am Abend vor der Abfahrt
Mein Film über diese Art von Reisen gelaufen war.
Diesmal hat ein Schauspieler statt meiner
Den Bahnhofskaffee weggeschüttet
Einige Hotelzimmer für mich absolviert.
Meine ganzen Nervositäten fühlte ich
Bei ihm so gut aufgehoben!
Wie schön sinnlos und total aggressiv hat er doch
Auf die Einfälle von Hoteliers reagiert
Und zum Beispiel das törichte Deckchen
Unter dem Zimmertelephon zusammengeknüllt
Er hat den furchtbaren Strohstrauß
Im Schrank verstaut, und er war
In der mich ablösenden Mischung
Ein bißchen eitel, ziemlich irritierbar
Dauernd viel zu höflich
Unvermittelt auch abweisend
Ah: das Abweisende ist bei ihm
Ja viel wirksamer gewesen, Frauen gegenüber nämlich!
Jetzt war er es
Statt meiner ungewissen uneindeutigen Person
Entschiedener doch ein Mann, der dieses
Oder jenes und alles
Wirklich einfach durchaus nicht wollte
Der einfach überhaupt keine Lust hatte.
Dauernd habe ich nicht so radikal wie sonst immer
Ich selber sein müssen
Ich bin trotz kompliziertem Nahverkehr
In der Oberpfalz fast heiter geblieben
Ich war ja der Schauspieler in meinem Film!

Was für eine wohlige Identitätskrise.
Ich habe mich nicht weiter an meinem Entgegenkommen gestört
Als ich auf dieses Hobby der Kulturhausfrau einging
Und mit einem Extrastift
Auf ihr mit nachgestickten Autogrammen übersätes Tischtuch
Zwischen zwei Kollegenunterschriften
Auch den Namen schrieb, den sanftmachenden
Namen dieser Reise ohne mich.
Während ich aber schon in den nächsten Tagen leider
Wieder ICH bin
Suchen sie dort, in der kulturell eifrigen Familie
Nach meinem Autogramm
Daß ich es gab, sah doch jeder!
Wie hat denn bloß
Der Name des Schauspielers
In die bayerische Oberpfalz
In das Tischtuch dieses Haushalts
In meine Biographie geraten können?

Kaffeehaus

Sie kommt ja nur noch zu größeren Anschaffungen
Den weiten Weg herein in die Innenstadt
Und jetzt hätte sie fast
Einc Erklärung dafür, warum heute alles aber auch alles
So entsetzlich ist
Die vielen Leute, die häßlichen Straßen:
Es ist Samstag und deshalb! Sie stellt sich unbefangen
Sie tut so als hätte sie
Das Ei des Columbus gefunden. Ihr Kinder
Findet ihr mich nicht plötzlich ganz erstaunlich entschlossen?
Seid ihr nicht stolz, seht her
Euer altes dummes Mütterchen
Es könnte euch irgendwohin einladen
Das würde mir Spaß machen, hungrig bin ich auch schon wieder
Und ihr, ich meine, eine Tasse Kaffee
Käme sogar für euch vernünftige Menschen in Frage.
Was sein muß, muß sein.
Schön für eine altgewordene Mutter
Ist die liebevolle Bereitschaft ihrer Kinder
Bei zeitverschwenderischen Anfällen von Antriebsschwäche
Gegen Ausflüchte Maßnahmen zu ergreifen.
Nur weil du jetzt einfach keine Lust hast
Angeblich hungrig bist
Kam dir dein angestammtes Mitgefühl für die Umwelt abhanden
Ungerecht unfreundlich schaust du auf die Samstagsleute
Bei normalem Wohlbefinden fällt dir
Ein Erbarmen geradezu mit jedermann arglos leicht
Jemand, der dich eben anrempelt ohne entschuldigt zu sein
Ist doch ein Doppelgänger deines Nachbarn
In Nummer 20, dein Gegenüber, dem du

Sogar deinen Hausschlüssel überlassen hast.
Besser sie verzichtete
Jetzt wie der Schwiegersohn
Auf alle Konditoreiwaren und tierischen Fette.
Ein Kind, dessen Problem jemand gelöst hat, Tränen
abgetrocknet
Sieht genau so aus, so getröstet und noch ein bißchen
Beleidigt aus Trotz
Löffel für Löffel bleibt der Gesichtsausdruck
Beim überflüssigen Naschen von Süßem und Rahm
Beinah streng, nur keine Unterbrechung!
Ich weiß ja selber, daß dieser verwunschene Moment
Kaffeehaus, liebe Nachsicht, eine Geduld ohne Absprachen,
Richtig töricht ist, ein aufsässiger Diätfehler.
Ja, schon gut, auch diesmal hatten die Erwachsenen recht.
Sie ißt ihre Portion mit Andacht
Ganz so, als käme es drauf an!
Es kann sein, sagt sie zu den sehr selbständig gewordenen
Kindern
Daß ich manchmal zusammen mit eurem Vater
Einen Trick oder was Ähnliches gewußt habe.

Die Photographie im Regal

Vorhin habe ich aber doch endlich einmal
Ernst gemacht und mich angehalten
Auf dem Weg zur Küche vorbei am Regal
Wo zur Beruhigung aller
Dein Photo plaziert ist.
Da sieht man dich tagsüber dauernd
Wirklich man schaut dich seit deinem Tod
Viel häufiger an als zu deinen Lebzeiten
Immer seltener konnten wir uns ja verabreden
Dein Verständnis war mir damals so sicher wie heutzutage
Wenn ich zu eilig bin für geduldige Augenblicke
Vor der Abbildung von dir:
Mit einem aufgeschlagenen Buch
Mir zuliebe, um mir bei irgendwas
Schnell mal auszuhelfen könntest du nachgeschlagen haben:
Wie war das mit den Redemptoristen?
Dir zuliebe hatte ich in einer Wiener Kirche den Einfall
Dich um diese Auskunft zu bitten
Gern nahmst du dir die Zeit
Die du in deinem Ruhestand hattest
Redemptor ist gleich Erlöser, ich könnte auch
Nach dem Entstehungsjahr
Vom Gedicht EIGENTUM gefragt haben
Sogar bei Ermittlungen über Goethe
Hast du, sehr kenntnisreich aber noch gewissenhafter
Deine Antworten überprüft, so froh und ruhig auch
Bei den äußeren Anlässen, in Büchern zu suchen . . .
Wie sorglos und mit dem Gefühl: bis bald! Bis später!
Laufe ich doch -zigmal an dir vorbei
An so viel Biographie, so viel Vater.
Paß auf die Leute auf, die noch da sind
Mahnst du überhaupt nicht

Kein Vorwurf von dir, aber besonders vergnügt
Siehst du auch nicht gerade aus.
Gib acht auf diese Lieben
Ehe auch sie zu Biographien werden!
Ich habe mich also vorhin wahrhaftig drauf eingelassen
Ich habe mich angehalten
Die Kaffeetasse aus der Hand gestellt
Eine Regalstufe unter dein Gesicht, deinen braunen Anzug
Dein aufgeschlagenes Buch
Und während ich endlich ganz
Ohne innere Zurückhaltung auf dich blickte
Mich bis zum scharfen Druck in den Augen, Tränen
Konzentriert habe und durchaus Sachen spürte wie VERLUST
Und einen SCHMERZ, aber wie gelindert durch ein Taschentuch
Von dir für mich als dein Kind
Geruch nach deinem Farina-Wasser
Da war mir nicht transzendental genug zumute
Ich habe dich uneinsichtig unjenseitig beispielsweise
Ziemlich bemitleidet: du hast gern immer ab und zu
Einen Kaffee getrunken und da stand meine Tasse mit Kaffee.
Aber dieses Gefühl war mir recht, vor dem nächsten lief ich
Davon, jetzt hätte ich uns beweinen können
Weil ich eine Erleichterung darüber empfand
Daß ich mich auch für den heutigen Nachmittag wieder
Wirklich überhaupt nicht mit dir verabreden könnte.

Flug 690 PAA

Als Fluggast sehe ich blasiert aus
Auf keinen Fall wie ein Tourist.
Tödlich gelangweilt warte ich
In der Sesselreihe Flugsteig B 41
Ha, das ist Alltag für mich, grauer Alltag!
Mein Gepäck scheint fast nur
Aus Zeitungen zu bestehen.
Ich absolviere alles
Als Profi, mit erzwungener Nachsicht.
Das aufgekratzte Ehepaar neben mir
War mindestens schon mal auf Bali
Überflog werweißwasfür
Weltmeere und Kontinente.
Ich hebe mich ab, ich stelle mich zerstreut
Als letzter Passagier an für den Durchlaß.
Es kränkt mich eigentlich, es verkleinert meine Lage
Daß ich diese alte Dame als Mitpassagier entdecke
Sie besucht meinen Nachbarn manchmal zum Tee.
Ach ihr Anfänger
Sofort müßt ihr die Gelegenheit benutzen
Und kalte Getränke bestellen, ihr Berlin-Enthusiasten
Ihr Tagungshengste und frontstadtseligen Ehefrauen
Die auch endlich mal rauskommen.
Die Frauen zu den Frauen, schon tuscheln sie
Schmieden Pläne: der Kurfürstendamm, die Juweliere
Aber auch Kreuzberg und diese ganzen Türken
In Berlin hat man eigentlich immer
Glück mit dem Wetter, sie halten einander die Daumen:
Wehe wenn nicht die Sonne scheint.
Als routinierter Fluggast mit der Entscheidung
Für das kleinere Übel, also gegen die Bahnfahrt
Diese größere Beleidigung einer Person

Deren Zeit Geld ist, sitze ich selbstverständlich
Nicht an einem Fenster, ich ignoriere auf dem Randplatz
Diese doch jedesmal wieder halbwahnsinnige
Furchtbar leichtsinnige Sache jetzt:
Wir haben die Erde verlassen!
Plötzlich weiß ich
Daß niemand in dieser zusammengewürfelten
Etwas ratlos ausgelassenen Gesellschaft
So aufgeregt ist wie ich, Aufregungsprofi.
So, daß ich mich selbst kaum dabei erwische,
Heimlich, schaue ich an der Zeitung vorbei hinaus
In die Wolken, auf die Tragflächen
Ich kriege mein anhimmelndes Gefühl hin
Für den Himmel und für den Piloten
(Den Co-Piloten lasse ich weg) ich verachte im voraus
Meine geistig anregenden Kollegen und die gesamte
Geistig anregende Tagung, Berlin inclusive
Dauernd werde ich Berlin nicht recht ausstehen können
Mit einem rachsüchtigen Glücksgefühl
Male ich mir jetzt schon
Das Abheben von der Landebahn aus, übermorgen in Tegel.
Die alte Dame, die manchmal zum Tee meinen Nachbarn besucht
Hat doch wahrhaftig auch was bestellt: einen Saft
Das Ehepaar feiert den Flug mit einer Flasche Piccolo
Wir sind schließlich in die Luft gegangen.
So selbstverständlich muß auch ich es nicht finden!
Die himmlischen Wohnungen, sofort lese ich statt der Zeitung
GOETHE ERZÄHLT SEIN LEBEN und halte zwischen den Zeilen
Himmel und Erde, Ausschau nach euch, ihr lieben Toten
Und es ist mir ekelhaft
Über unsere niedrige Kurzstreckenflughöhe hinauszudenken
Höher hinaus in den naturwissenschaftlichen
Und jetzt von mir verabscheuten Kosmos.
Hier auf einmal, obwohl mir die Zusammenstellung
Meiner vom Zufall bestimmten Leidensgenossen nicht ganz recht ist

Würde es mir passen beim sofort fälligen Absturz
Dieser gewöhnlichen Boeing 707 zu sterben, doch!
Was setzt denn mein Herzschlag aus, wie kindisch
Jetzt bei dieser unangekündigten Veränderung
Des Motorengeräuschs, warum spricht denn der Pilot
Kein Bedauern aus, keine Abschiedsworte
Warum nimmt er sich nicht zusammen, es muß doch ihm
Wie uns allen daran gelegen sein
Eine Landung hinzukriegen!
Über ein vorgetäuschtes Gähnen weg
Suche ich nach dem Gesicht einer Stewardeß:
So lang diese Vollstreckerinnen noch lächeln
Kann es nicht ganz so schlecht um uns stehen.
Aber alles ist wieder vollkommen normal verlaufen
Die Besatzung erlebt das schlechte Wetter über der Wartburg
Heute schon zum drittenmal. Und ziemlich abgebrüht
Belästigt von Paßkontrollen
Wie im letzten Augenblick mich der Pflicht erinnernd
Der Stewardeß eine Art Lächeln zurückzuerstatten
Komme ich an, wiedermal
Wieder einmal unter den geistig anregenden Kollegen
Langsam unendlich eifrig diskutieren sie das Projekt
20er JAHRE
Und ich hebe mich ab, ja, zornig und froh
Weg von der Kultur, zur Technik hin
Zum Flug 690, ich romantisiere die Piste
Jemand Gescheites sagt langsam etwas Gescheites
Doch der Pilot hat etwas bewegt, ein Flugzeug
Er konnte ja starten!

Mittagsruhe

Sie legt die Zeitung weg:
Keine Partei stellt ein Genie auf.
Der Kamin des Nachbarn raucht meldepflichtig
Ein Taxi fährt im Rückwärtsgang den Stichweg hinunter
Die Bahnschranke wird mit einer Quinte
Für den 14-Uhr-Zug geschlossen
Der anzeigewürdige Muldencontainer rasselt über die Brücke
Das kleine bescheidene Schnarchgeräusch
Bei einem Wechsel der Schlaftiefe
Bereitet in einer netten lieben Art
Der Ehefrau eine Geduldspanik.
Ein paar Minuten lang
Haßt die Frau ihren Mann abgründig:
Diese tiefe Verachtung
Für seinen Urzustand und Kontrollverlust!
Alle zehn Finger würde sie sich danach lecken
Ihn nur noch einmal wieder zu hören
Diesen Schläfer, Radaubruder
Müßte man doch nie
Seinetwegen auf einen Friedhof gehen.

Der lange Schlaf

Du hast so lang geschlafen
Daß es am Vernünftigsten gewesen wäre
Auf alles gefaßt zu sein.
Bei den unterschätzten Alltagsbeschäftigungen
Ist mir mein Glück ruckartig aufgefallen
Ich habe mich während der sonst aus Nachlässigkeit
Nur beseufzten Handgriffe in einem Haus
Dazu ermahnt sie wie aus einer Zukunft anzusehen.
Dein langer Schlaf und ich wurde geduldig
Wie gern würde ich doch noch jemals wieder
Deine Schuhe putzen!
Wie leichtfertig war meine Schwerfälligkeit
Habe ich mir eingeprägt und Taschenfutter ausgefilzt
Könnte ich es doch nur noch einmal für wichtig halten
Mich nach diesem Schmutzfleck genau diesem
Auf der Kachel im Badezimmer
Unbequem unterm Waschbecken
Hinunterzubeugen um ihn wegzubringen nichts weiter
Nichts mehr, aber nichts weniger als das
Sagte ich mir vor
Und brachte den Schmutzfleck weg.
Ich habe mich wie meine eigene Erinnerung an mich
Gebückt nach Haaren mit Staub – immer versäumt bisher
Diese Art von Lebenszeichen einfach einzubeziehen
Ein Erkennungsmerkmal!
Ich habe BIS ANS ENDE ALLER DINGE vor mich hingesagt
Und konnte ohne ausschweifenden Ekel
Eine kleine braune Raupe mir als irgendein Samenzeug
Von der Birke zurechttäuschen und in Ruhe lassen.
Bis sich das allerdings dann doch
Unvorsichtig bewegt hat
Etwas mit einer HERZTÄTIGKEIT, bereit zu sterben –

Und alles ist mir nicht mehr so
Schicksalsschwer vorgekommen:
Schon war ich jemand, als ich den Staubsauger ausleerte
Der wieder einen Staubsauger ausleert
Beim Einkaufen war ich
Eine Person, die jetzt doch wieder Einkäufe macht
Ich habe Post an den Briefkasten gebracht
Und bin die gewesen
Die man neuerdings wieder mit Post
Zum Briefkasten gehen sieht
Die gute alte Gedankenlosigkeit
Hat sie uns Nachbarn zurückgewonnen
Wir erblicken sie beim Spießrutenlaufen
Zwischen unseren Grundstücken
Vorher sah sie auch nicht viel anders aus
Immer schon ziemlich nach letzter Minute
Jemand der sowieso beobachtet ist.
Du schläfst und schläfst, fiel mir wie die Rettung auf
Und ich bin wieder dankbar geworden
Wieder ganz bei der Sache
Dein Regenmantel sah wie HINTERLASSEN aus
Mit welcher überschwänglichen Zustimmung
Würde ich doch
Ohne die gewohnheitsmäßige Verdrießlichkeit
Dir zuliebe heute endlich ernstmachen damit
Und die Unordnung im Wäscheschrank bekämpfen
Ja wenn doch wenigstens
Ein alles umkrempelnder Eisregen fiele!
Daß das nur nicht erlahmt
Das gerührte Anschauen von rückwärts
Daß diese Anhänglichkeiten sich nur nicht lockern!
Als ich mit einem Stock an der Raupe schob
Und jemand war, der schon wieder sich an Raupen stößt
Ist sofort eher Kunststoff, ein dicker grüner Saft
Hervorgekommen, eher als alles Wahrscheinliche.
Als du dann nach deinem

So triftig betreuten langen Schlaf
Völlig zutraulich auf deinem gewohnten Frühstücksplatz
Gesessen hast, im doch immer noch von dir selber
Benutzten Bademantel, auf DEINEM Kissen, vor deiner
Vorbeugend von mir betrauerten Tasse, deinem Teller
Habe ich dir WARTE NOCH zugerufen
ICH WILL DIR ZUSCHAUEN WENN DU ISST!

Bei Rothschild Nachfolger

Aber was willst du denn, Mutter, WIR sind es doch
Deine selbständig gewordenen Kinder
Erkennst du uns denn wirklich nicht wieder?
Nein! Ich muß ganze Jahrzehnte verträumt haben.
Die Töchter wirken fahrig vor Hilfsbereitschaft
Die Schwiegersöhne sind viel geduldiger
Wo ist eigentlich bei fünf Personen die Mitte
Sie versuchen dauernd die Mutter im Fußgängerparadies
Während sie auf das in Aussicht genommene Kaufhaus zugehen
Zwischen sich zu überwachen, man spürt ja
Daß sie weg will, sie sieht richtig störrisch aus
Mißmutig, das steht ihr gar nicht, es paßt nicht zu ihr
Nun freu dich doch auf diese beiden Anschaffungen
Die freundlichen Ratschläge hören sich wie Befehle an
Ich brauche eigentlich überhaupt nichts
Aber was sagst du denn da
Lieber will sie verwahrlosen: bringt mich doch weg
Das ist eine kranke Einstellung, stell dich um
Wir sind schließlich eigens zu deiner Hilfe hergeeilt
Mit dir in der Innenstadt
Für jeden von uns vier Nützlichen
Eine Entscheidung gegen unser Privatleben
An einem sonst eher angenehmen Nachmittag
Ein Opfer: sieht die Mutter verstört
Vier erwachsene Personen, ihre Kinder
Sie nimmt sich zusammen, jetzt müßte
Ein Toter auferstehen
Wenigstens für eine Dreiviertelstunde
Für eine Kaffeepause im SCHNITZLER
Und das erleichterte Fallenlassen jeglicher Pläne.

*

Ja, unsere Mutter hat es sich in den Kopf gesetzt
Über Ostern ins Tessin zu reisen
Erklärt eine der Töchter der Verkäuferin
Bei diesem Satz war ihre Stimme kaum wiederzuerkennen
Mit der Verkäuferin redet sie in einer
Höflichen Fremdsprache. Jetzt hinüber
In die Abteilung DAMENOBERBEKLEIDUNG
Das Fürchten kann man lernen.
Lauter wirklich freundliche Verkäuferinnen
Sie haben schon genug Fernsehbeiträge
Über den erlernbaren Umgang mit Senioren angeschaut
Gefaßt auf eine allgemeine Verachtung atmen wir auf.
Aber der erste beste Frühjahrsmantel
Ist uns gut genug für die Mutter
Er steht dir wirklich, wir raten dringend ab
Noch viel herumzuzögern. Hat sie Gefallen dran gefunden
Und würde auf einmal ganz gern noch ein bißchen
Anprobieren, abwägen, sich begutachten lassen
Macht ihr das etwa Spaß plötzlich?
Was für ein Stimmungswechsel. Komm, sei vernünftig
Wir haben billig und gut eingekauft.
Auf dem Scheck schreibt die jetzt allzu unbesorgte Frau
In die Rubrik EMPFÄNGER schlafwandlerisch
Den jüdischen Namen der Gründerfirma
Aus der Zeit vor dem Zweiten Weltkrieg.
Wo bist du denn mit deinen Gedanken, Mutter!
Sie war einmal
Diese sehr verwendungsfähige zuverlässige Person
Die in unseren hilflosen Lebenszeiten –
Wie klein wir waren
Oft auch komisch, immer anspruchsvoll –
Keine einzige Gelegenheit ausgenutzt hat
Gemein zu uns zu sein.

Die Rückkehr

Die Frau, die in Warburg ihren Mann vom Bahnhof abholt
Freut sich nicht sehr, daß der Mann wieder zurück ist
Einiges ändert sich nun, der Tageslauf wird wie früher.
Sie hat ein kaltes Abendessen vorbereitet wie gewöhnlich
Das Kind wird vorsichtig als wäre es ein Gerät
Von den Armen der Frau in die Arme des Mannes gereicht
Der Mann übernimmt den zutraulichen Fremdkörper vom Kind
Schon sieht er fast hoffnungsvoll aus.
Keinem von beiden, dem Mann nicht und der Frau nicht
Wird das Kind wieder so nützen können
Wie in diesem Alter jetzt
Mit seinen gebäckförmigen Gliedmaßen
Und seinen Quetschlauten.
Der Mann schleppt das Kind, ist richtig froh mittlerweile
Setzt sich ans Steuer, das Auto sieht er auch gern wieder
Das Gezappel vom Kind stört die Frau, ihre Ohren glühen noch
Von der Trockenhaube, sie hat jetzt
Dreimal so viel Haar wie vorher, aber das geht nur sie an.
Der Mann startet den Motor
Ihm bleibt wie allen, denen es ähnlich geht
Nur die eine Richtung, seine Haustür mit den farbigen Glasbausteinen
Die kalten blassen Wurstscheiben auf der weißen Porzellanplatte
Die Fürsorge der Frau
Die sich gut angezogen hat für die Rückkehr.
Die drei haben ihren gemeinsamen Handlungsfaden wieder aufgenommen
Der Mann und das Kind sind im Auto schon bereit.
Nur die Frau wartet noch, ganz für sich schneidet sie eine

Allerletzte persönliche Grimasse, wie zum Abschied
Das war vorübergehend ihr Eigenleben
Während der Mann sich nach rechts verrenkt
Und der Frau von innen die Tür aufmacht
Und diese Grimasse nicht hat sehen können.
Mit dem gepäckstückartigen Kind in der Mitte fahren sie ab.
So sehen sie in Friedenszeiten aus
Geredet wird wenig
Sie betrachten sich mit dem üblichen Verdacht
Oft genug wohlwollend.
Die Wohnung riecht genau so wie immer
Das Kind stört dann doch auch den Mann schon bald
Es ist gutartig und noch verhältnismäßig leicht zu trösten.
Ich war am Abteilfenster
Vorangekommen und nicht weiter.
Ich ja auch
Aber ich auch, dachte ich
Das freie Wochenende ist mir so sicher wie ihnen.

Der kleine wahre Moment

Plötzlich auf dem Bahnhof von Heilbronn
Habe ich gemerkt
Ich ging ja mit erhobenem Kopf!
Die warme Luft war mir recht
Und ich hatte nichts gegen die Verbrüderungen
In der Stoßzeit
In der Unterführung, auf den Treppen
Eine Amnestie
Wie aus Versehen war ich beruhigt
Dann absichtlich habe ich dauernd
Als erste freundlich ausgesehen
Die Überraschung der Kellnerin
Beim Zurücklachen!
Ich bin wie auf etwas Zukünftiges stolz gewesen
Ohne Abscheu vor dem Nahverkehr
Ich will in meinem Umkreis
Nicht wie sonst alle Plätze blockieren
Mit mir könnte man sogar reden
Plötzlich auf dem Bahnhof von Heilbronn
Wo ich den Kopf hinhielt
Für mein Leben, ganz gern.
Rechtzeitig bin ich abgefahren.

Unsere doppelte Spielhandlung

Auf diesen Abend ist schon beim Aufwachen
Verlaß gewesen: gut geblendet in Hollywood.
Der schwere John Wayne stemmt sich vom Koppelzaun ab
Und bewegt sich auf eine Banditengruppe zu
Eigentlich würde er lieber gähnen
Er scheint nur etwas zu tun gegen Müßiggang
Mit seinen überraschend kleinen Schritten
Immer näher diesen tückischen Burschen
Er drückt die Knie nicht durch, aber Robert Mitchum
Geht noch mehr ausschließlich unterhalb der Hüften
Wie bei einer Frau reiben die Wayne-Oberschenkel aneinander
Beim Vorwärtskommen, das gedrosselt aussieht –
Wie gut es mir geht – wieviel ich doch zu verlieren habe!
In keinem Moment war mir der Bildschirm egal
Und deshalb habe ich von der ersten Auseinandersetzung mit dem Sheriff an
Den kommenden Plot geopfert, sämtliche Verwicklungen
Und auf dich geschaut stattdessen
Mich hin und wieder der Filmmerkmale vergewissert
Unsere ruhige abendliche Doppelspielhandlung
Du willst nach deinem Glas greifen
Und schon hast du es in der Hand, durch mich
Auch darüber braucht man kein Wort zu verlieren
Du liegst auf dem Sofa
Etwas vor mir, links neben meinem Sessel
Daß ich dich beobachte ist vielleicht
Ein bißchen unredlich von mir
Denn du bist ja völlig aufrichtig nur bei der Sache
Dein Gesicht wirkt kindlich, so besorgt
Um den roten Westernfaden
Ich aber kopiere jetzt deine Atemgeschwindigkeit

Da liegst du als der Körper, den ich verpflege
Du ißt beim Frühstück ohne alles Theater
Und ohne Rückfragen zu stellen
Was ich für dich geplant habe auf
Beim Auslöffeln der kleinen Schüssel
Vertraust du mir auch und verläßt dich drauf
Daß ich wieder die teilentrahmte Milch verwendet habe
Ich würde eigentlich in diesem Augenblick
Etwas langsamer atmen als du jetzt.
John Wayne steigt von einem ziemlich niedrigen Pferd ab,
Mit dicklicher tänzelnder Gehweise in die Kamera
Riskiert er mal wieder eigentlich zu viel
So daß du dich meldest mit deinen Einwänden
Gegen diese Regie dir zuliebe
Glücklich sind wir immer nur auf Kosten anderer
Das schräge, immer irgendwelche Schüsse erwartende Grinsen
Von John Wayne: für uns
Du bewegst deine Füße, du gehst ganz schön mit
Du hast Sachen an, die ich befürwortet habe
Irgendwann in deinem Herrentextilgeschäft
Plötzlich konnte ich kaum noch Luft kriegen vor Liebe zu dir
Und ich entschied für uns daß wir am liebsten
In einem Film an den Folgen sehr guter Schüsse
Sterben würden und nicht aus uns selbst heraus
Mir fiel der kleine Rest vom Heidelbeerkuchen ein
Ich holte ihn schnell aus dem Eisschrank
Und du ißt das Stück
Als wäre es nicht vergiftet!

Manchmal glaube ich nicht an den Fortschritt

Manchmal glaube ich nicht
An den Fortschritt.
Mein Lieblingsbild ist gemalt
Die schönsten Gedichte
Habe ich um mich versammelt
Mehr Musik brauche ich nicht.
Das beste Gewitter
Ist schon erfunden
Der schönste Schnee fällt in meinem Kopf
Ich habe die wichtigsten Gipfel gesehen
Und das tiefste Tal ist besichtigt
Das Meer ist immer als eine Vorstellung
Am bemerkenswertesten.
Wären denn abrufbare Fahrtgeschwindigkeiten
Noch zu übertreffen
Die Niederschläge und Psalmen
Und einfach Gegenden, einfach Sätze
Einfaches Auskommen?
Manchmal meine ich
Ich hätte von allem genug.
Da hat mich, mitten in seiner verriegelten Strenge
Das bis jetzt unauffällige Kind
Vorsichtig angelacht
Und ich bekam Lust
Zu einer Kutschfahrt durch den Englischen Garten!

Rush Hour

Weinen Sie manchmal
Fragte sie mich voreilig mitfühlend
Sie legt großen Wert darauf
Beim Reden dem jeweiligen Partner
Strikt in die Augen zu sehen
Ich dachte, sie sollte endlich mal
Auf den Straßenverkehr achten
Sie ließ ihr Fahrzeug, diesen elenden Max oder Hannibal
Dümmlich durch die rush hour ruckeln
Ich genierte mich für uns beide vorm Verkehrspolizisten:
Zwei von diesen Frauen mit Kultur
Ohne Autoverstand, falsch eingeordnet ungeschminkt
Ungewiß geistig aufgeschlossen und sehr naturliebend.
Sie liebt sehr das Gespräch
Die ernste Musik, Musik und nochmals Musik
In der Literatur kann sie sich nun
Jährlich immer mehr bescheiden
Sie kennt was ihr unverzichtbar ist
Das Wichtige, wirklich.
Jetzt das Parkieren.
Sie lacht doch tatsächlich noch munter und mit sich
Einer Person für die sie jederzeit
Alles Verständnis aufbringt
Der blamable Prozeß
Rückwärts in die Parklücke zu kommen!
Aber ihre ganzen Probleme
Scheinen mit Gottfried Benn und Barockmusik
zusammenzuhängen.
Mit dem DU wollen wir noch eine Weile warten
Es ist gut, daß Sie schweigen.
Seit sie kreativ wurde, geht es ihr besser.

Geschwister

Diese Stirn hat sie von der Großmutter
Und warum macht sie so kurze
Ein bißchen ältliche Schritte
Ihre Gehweise sieht etwas zu ängstlich aus
Erinnert ziemlich an die Mutter als Witwe
Denkt die eine Schwester von der andern Schwester.
Unvermeidlich ist es daraufhin natürlich wiedermal
Diesen nicht berauschenden
Lebenslänglich haltbaren Zusammenhang zu spüren
Eher gereizt hört die Schwester ihrer Schwester zu
Denn eben vertraut sie ihr einen Kummer an
Wie kommt sie denn dazu eigene Probleme zu haben?
Gerade kurz vorher noch hat man geplant
Bis zum Einschlafen in der Nacht heut
Ohne Beunruhigungen zu sein.

Spargelsaison

Diese Witwe beweint plötzlich im Stück ÜBERLEBEN
Fahrlässig gegenüber den vertrauten Regieanweisungen
Uneinsichtig ohne himmelwärts gewandtes Darüberstehen
Einfach kindisch, einfach in sehr großer Liebe gegenständlich
Ihren toten Mann in diesem Moment
Nur um der diesjährigen Spargelernte willen
Es schmeckt ihr ja selber nicht mehr richtig!
Sich selber beweint sie
O ja, wie fehlt er ihr doch.
Keine Komposition und kein Vers
Steht ihr bei gegen das irdische Vergnügen
Du Armer, mir kommt keine schöne Idee
Zu dir, diese albernen Spargeln –
Und BUCHEN WIR DAS AB ODER BEZAHLEN WIR ES BAR
Kann ich dich auch nicht mehr fragen!

Unterstützung

Diese gut genug verheiratete Frau da
Sie scheint zufrieden genug.
Sie schätzt gleichwohl die Tagesstunden zu sehr
Die ihren Mann im Büro festhalten
Er haßt diese Verausgabung
Er beantragt einen längeren Urlaub.
Jetzt kommt es drauf an
Daß die Frau ihn in seiner Todesgefahr
Erkennt, sie muß das jetzt
Einfach wahrnehmen: er könnte sterben!
Mitleidig im voraus nimmt sie sich –
Sehr große Liebe –
Ganz fest vor, ihn bei seiner Absicht
Dem Urlaubsantrag zu unterstützen.
Dazu stellt sie sich sein Lächeln
Als die Erinnerung an dieses Lächeln vor.

Die Eltern

Das Kind macht ein verdrossenes Gesicht
Wirkt ziemlich herzlos, ist krank vor Wut
Auf die erkrankte Mutter.
Von einer Mutter sind wahre Täuschungen zu verlangen
Echte Betrugsmanöver
Die heile Welt, was fällt ihr denn ein!
Schließlich wird sie gebraucht
Schließlich hat der Vater nicht das Recht
Geheimnisvoll, etwas Schwieriges über seine Welt
Andeutend zu seufzen
Seine Sorgen dürfen das Kind
Nicht einmal streifen!

Im Wald allein

Ich ging SO im Wald wie FÜR MICH HIN
Nur um euch diese Gedankenverbindung zu liefern
Schaut mir bloß nach
Aus den Fenstern eurer Tagungsstätte
Denn ich bin jetzt dieser Anblick
Meine Gehgeschwindigkeit hat
DIESE PERSON ISOLIERT SICH bedeutet
Jeder Schritt ist jetzt schon
Seine Nacherzählung
Daß ich mich kurz bücke
Findet nur zu dem Zweck statt
Einen Bericht zu ergeben
Ein Gebüsch steht nicht mehr in seiner Rohfassung
Im GEFILD nah beim LIEBEN FLUSS.
O ja, schaut euch das an, ihr Kursteilnehmer
Ich sehe nach bestimmten Versen aus
Der kurze Eindruck jetzt
Ist sofort ein Wörterhaufen
Und für einen kommenden Satz
Fasse ich mal dieses Blatt da an
Und ich würde beinah sogar auf einem Baumstamm laufen
Damit das eine Zeile ergibt.
In einem Versteck und außer Kontrolle
Habe ich schnell im Taschenspiegel
Mein Gesicht betrachtet:
Wie macht es sich denn
IM WALD ALLEIN?
Anschließend habe ich leider
Dem Kursleiter viel zu gründlich
Die Frage nach meiner Nachtruhe beantwortet.

Wollt ihr ihn jetzt noch einmal sehen

Richtig zufrieden sieht er aber nicht aus
Warum hat er nicht dieses Lächeln wie sonst für uns
Wie ein gutes Zureden oder ein Freispruch?
Erinnern wir uns doch etwas weniger schonungsvoll!
Mit den Verklärungen und Unschärfen
Tun wir ja nur uns selber einen Gefallen:
Er war kein immer im voraus verzagter Typ, das nicht
Aber erst recht kein Draufgänger
Possenreißer, Zechkumpan
In seinem Berufsleben hat er sich Gefahren ausgesetzt
Bei Familienangelegenheiten wirkte er empfindlich
Mutlos zog er sich zurück vor den beinah normalen
Fast beiläufigen Anlässen zur Besorgnis
Über nichts weiter, über kleine Unordnungen
Leicht erhöhte Temperaturen.
Wenn dann aber einer schlimm dran war
Ist er zuständig gewesen
Er kam den weiten Weg zu mir heraus und saß
An meinem Fußende, sonst setzte er sich nie auf Betten
Er hat mich zum Lachen gebracht:
Frische Erdbeeren mitten im Winter!
Wenn das keine Entschlußkraft gewesen sein soll
Die Zärtlichkeit ist ihm leichtgefallen
Von einem Pfleger hatte er so gar nichts
Und doch fütterte er mich, redete mir gut zu
Ihm zuliebe mit seinen Erdbeeren für mich
Beendete ich meinen Hungerstreik
Und gehörte wieder dazu.
Bei manchem Mittagsschlaf
Mit Kammermusik bei offenem Fenster
Sah er weniger nach AUSEINANDERSETZUNG MIT EINER BEHÖRDE
aus

Er hat immer einen interessierten Eindruck gemacht
Ja er sah wenn er schlief nicht so ungeduldig aus
Er schien irgendwas zu genießen aber ganz leicht
Kaffeegeschmack und die letzten paar Takte,
Träume waren das nie.
Ich denke mir das so: weil er
Angesichts von etwas fast völlig Neuem
Doch eher etwas abweisend war
Vielleicht auch etwas furchtsam, gefaßt auf nichts Gutes
Deshalb lächelt er jetzt nicht
Noch nicht, es ist noch zu früh
Der Überraschungseffekt: für den war er
Wie für alles relativ Unsanfte, Überrumpelnde
Einfach wie nicht geschaffen.
Deshalb sieht er auch nicht ganz einverstanden aus
Deshalb hat er auch wie nie zuvor in seinem Leben
Geballte Fäuste, eine Ausdrucksform
Die überhaupt nicht paßt zu den Händen.
Dennoch: ER HAT KEINER FLIEGE ETWAS ZULEIDE GETAN
Könnte, streng wörtlich genommen, auf ihn
Angewendet werden, er hat Fliegen unwillig
Ohne jede Sentimentalität leben lassen.
Die Fliege auf seinen wie nicht richtig inszenierten Fäusten!
Weil er große Entscheidungen
Grundsätzliche Veränderungen
Eigentlich nicht gern gehabt hat
Weil das jetzt alles doch trotz aller Erwartungen
Etwas zu plötzlich kam, einmal mußte es ja sein
Deshalb ist das kein Synonym für ERLÖSUNG
Noch nicht, wie er hier liegt
Er hat diese legere gewöhnliche Abendumgebung
So gern gehabt, diesen Morgenrock abends.
Wollt ihr ihn jetzt noch einmal sehen?

Schlaflied

Nun beruhige dich doch, Geduld
Wir gehen ja bald, liebes Kind
Deine Eltern wollen dir Mut zusprechen
Hör doch auf so zu schlucken
Nun atme doch friedlich
Nicht mehr lang und wir gehen.
Wo wir herkommen, das frag nicht
Sagt der Vater am Bett mir
Dort im Traum in der Nacht auf dem Bettrand
Die Mutter sagt heiter
Wir genießen – ja das tun wir
Das Waldhaus und seine Terrasse
Ja wir gehen zurück, nur Geduld
Wenn du schläfst erfindest du
Uns eigentlich nicht gerade
Die allergemütlichsten Situationen
Daß ich hingefallen bin, jetzt schon wieder
Ist sicher ein Hinweis und sie lächelt mit dem Vater
Liebes Kind sei endlich ruhig
Aber weißt du, der Frühling
So ein Luftzug, so ein Hellgrün
Ja noch einmal, nur noch dieses Mal
Verlockt uns der Frühling
Gib doch nach, auch dem Vater.
Sie hat recht, sagt der Vater
Aber dich braucht das gar nicht aus der Fassung zu bringen
Wir gehen gleich wieder
Wir können das ja schon allein machen
Diese letzte kleine List AUFERSTEHUNG
Nun beruhige dich aber, Geduld, liebes Kind
Es hätte doch sein können
Daß du uns gern noch einmal nachgelaufen wärst.

Inwiefern ich meiner Zeit voraus bin

Als ich aufwachte vorgestern
Bin ich schon übermorgen
Beim ersten Schluck Kaffee aus dem Becher
Mit dem letzten Schluck Kaffee fertiggeworden.
Als ich mit unserer Morgenbegrüßung anfangen wollte
Habe ich uns schon GUTE NACHT gewünscht.
Vor dem Beginn des Telephonats
War für mich das Telephonat gelaufen.
Als der Zug hier einlief
Bin ich schon anderswo ausgestiegen.
Als noch keiner sich langweilte
Brach ich schon meinen Bericht ab.
Ehe das Kind den Ball abstoßen konnte
Hat mich der Ball bereits am Kopf getroffen.
Die Leute sehen schon vorher so aus
Als würden sie mir nachblicken!
Ich möchte lieber die Zeitung von morgen lesen!
Das Essen Nummer 12
Auf der Speisekarte im Restaurantfenster
Hat mir nach mehrmaligem Lesen
Schwer im Magen gelegen.
Bevor vielleicht festzustellen wäre
Daß das Domportal geöffnet ist
Habe ich die Klinke nicht heruntergedrückt.
Als du mir den Kuchen für heute und morgen gebracht hast
Habe ich sicherheitshalber sofort
Die ganze Portion verschlungen.

Wie für immer

Es ist ja nicht selbstverständlich
Daß ich es für dringend halte
Wie wir beide miteinander
Auf der Kommode Gegenstände umgruppieren
Der alte Suppenteller mit der dörflichen Idylle
Sieht besser aus links von der Tischuhr
Rechts vorne kommt jetzt das Rubinglas
Schöner zur Geltung.
Es ist mir dran gelegen
Laß uns einen Plan machen
Diesen Wunsch da müssen wir sofort aufschreiben.
Äußerst zwingend ist auch eine sinnvollere Anordnung
Der Gewürze auf dem kleinen Regal in der Küche.
Ja doch: ich finde es unerläßlich
Auch über Verbesserungen der Beleuchtungsfrage
Hin und her zu verhandeln
Wie für immer tun
Als ginge es mitten in den lieben Vorläufigkeiten
Doch dauernd aufs Ganze.
Es ist ja nicht selbstverständlich, mein Lieber
Daß wir in den heutigen Tag wieder
Unsere Tricks einbauen können
Anlässe haben, Gelegenheiten benutzen.
Weit und breit könnte jetzt nichts gefunden werden
Das meine Aufmerksamkeit ablenken würde
Vom Bericht über deine Nachtruhe
Du hast den Traum einer fremden Person geträumt
Verfolgungsjagden in einer Landschaft mit Klippen
Kommen doch nie bei dir vor.
Mein vollkommenes Interesse an dir
Ist so wenig selbstverständlich
Wie jedes andere Wunder auch, klar?

Schreibstoff

Und was hat dich heute daran gehindert
Ein produktiver Mensch zu sein?
Das Telephon hat doch keinmal gestört
Der Briefträger hat doch nur die eine
Und außerdem gute Nachricht gebracht.
Daß mir das bloß keine Schaffenskrise wird!
Und im Haus war auch nichts zu tun
Ein ruhiger Tag
Es gab nicht dauernd drei oder vier
Vernachlässigte Sachen
Ich mußte nicht aggressiv werden
Die erfreuliche Nachricht
Hat mich kalt gelassen
Eigentlich habe ich so ohne Mitschrift
Stundenlang überhaupt nicht gelebt.
Aber als dann endlich Regen kam
Ja es hat regnen können, stell dir vor
Schaute und schaute ich
In diese fällige Beschreibung.

Lieber Vater

Lieber Vater, ich glaube schon
Du wärst der letzte, an meiner Trauer um dich
Herumzukritisieren: Trauer als Arbeit
Das wäre dir ein wenig zu modisch
Und für mich und deine anderen Kinder
Nicht leicht genug.
Du hast uns die Palliativmethoden gewünscht
Du wolltest es sanft
Es tat dir manchmal leid, doch, ein bißchen
Daß ich Kierkegaard nicht so unabhängig lesen konnte wie du
Immer diese sühneversessene Angst um die Seele . . .
Es wäre also erreicht: ich kann aufrecht gehen
Es scheint mir doch wirklich das Schlimmste
Einfach nicht zugestoßen zu sein
Ausgerechnet durch dich!
Ausgerechnet diesem unwiederholbaren Gernhaben
Verdanke ich das, deiner Väterlichkeit, es geht also
Weiter damit, immer weiter, kein Stachel deformiert
Deinen Tod, und wir können schon wieder
Gut lachen bei Erinnerungen an dich, ernst sein
Fast auch schon. Ist es dir recht
Eine abrufbare Wohltat für mich zu sein?
Manchmal vergessse ich den Anfang vom langsamen Satz
Schubert, 5. Sinfonie, vorsätzlich
Um nach ein paar Stunden beabsichtigt
Viel wirksamer als bei ununterbrochenem Bescheidwissen
Die ganze Erfahrung zu machen, so DOPPELT ELEND
DOPPELT MIT ERQUICKUNG ganz und beinah wie neu
Versorgt. Lieber Vater, ich glaube, meine zärtlichen Tricks
Mit der Trauer, sie stammen aus deinem Nachlaß.

Generationen

Die Mutter sah dem Kind zu
Es schnitt seine Figuren aus wie immer
Aber dieses Mal
Mißfiel der Mutter die Angewohnheit vom Kind
Mit der Zungenspitze über die Oberlippe zu lecken
Überhaupt gefiel das Kind ihr in diesem Moment nicht richtig
Warum sieht das Kind nicht charakteristischer aus
Ist so rötlich im Gesicht, so mittelblond?
Auch würde ich es heutzutage
Nicht mehr auf diesen Namen taufen lassen
Und diese Ähnlichkeit vom Kind beim Lachen
Mit der Großmutter väterlicherseits
Sie kommt immer stärker heraus.
Wie dumm von mir.
Die Mutter erschrak und klatschte schnell in die Hände
Sie schnitt für das Kind eine Fratze
Damit es lachte
Ich muß es sofort zum Lachen bringen!

Regen am Limmatquai

Daran unter anderem wird man sich halten können:
Im kurzen Augenblick auf dem Limmatquai nachts
Nur noch ein paar Schritte bis zum Storchen für uns beide
Im kleinen Umkreis der Straßenlampen
Ist der Regen nicht mehr als Regen gefallen
Er ist wie ein Kinotrick ins Flußwasser geschüttet worden:
Schau, bleib mal stehen!
Wir sollten uns dieses Beispielchen nicht entgehen lassen
So wirklich muß ja das ganze Wirkliche nicht dauernd sein
Dem Nachahmer haben die Dreharbeiten in unserer
Einstellung
Jetzt Spaß gemacht, und alles hat
Von nun an sehr künstlich ausgesehen
Der Limmatquai und die Laterne aus einem alten Film
Als man noch in technischen Sachen ziemlich ungeschickt war
Auch kühn bei der Herstellung von Illusionen
Wir spielen uns klischeehaft und manchmal
Nehmen wir tatsächlich alles doch entschieden zu ernst
Auf Zuschauer könnten
Unsere Gefühle ein wenig lächerlich wirken
Gut so, angenehm unrealistisch, unsere paar Klippen
Und dramatische Zuspitzungen haben einen
Unterhaltungswert
Ich war gerührt über uns Schauspieler
Im unbeholfenen Regen
Über unseren Ablauf, in ein Studio hineinverkleinert
Wir sollten besser nicht zu bezogen sein
Auf unsere Requisiten, mehr stellen sie nicht dar.
In knapp zwei Kinostunden sind wir
Bei den vorgetäuschten Lebensgeschichten einfach geborgen
Und das ist schon alles.
Der an den Beleuchtereinfällen vorbeigeschüttete Regen

Diese uralte gute Idee, diese uralte Limmat
Die haben meine Rolle plötzlich ganz leicht gemacht
Komm weiter, die paar Schritte weiter bis zur
Schon für uns eingerichteten Sequenz STORCHEN/INNEN/NACHT
Wir reden einen verständlichen Text jetzt
Wir haben ein völlig bewiesenes Sicherheitsgefühl
Aufgehoben in einer Kunstform, wirklich
Sehr sterblich sind wir entschieden nicht.

Untreue

Nach drei Tagen, ruhiger Juni
Ist es mir aufgefallen:
Das sieht ja nach Einverständnis aus.
Fast sanftmütig
Wie ich mit allem auskomme
Klar, die Gewitterneigung
Unterstützt mein Vertrauen.
Doch das genügt mir nicht
Zur Aufklärung über mich:
Eine nun schon seit drei Tagen
Ganz vernünftig mitspielende Person.
Es geht mir gut so, eigentlich schon
Ich ließe mir das nicht ungern
Für länger gefallen, wäre da nicht
Eine Anhänglichkeit an mich, ein Gefühl von Untreue.
Ich bin geradezu tückisch reguliert
Schon wird ja da und dort
Auf mich gezählt
Mich erreichen kleine freundliche Anfragen
Ich erscheine als zuständig
Jemand riskiert einen Vorschlag.
Dein Sprechen mit mir als wäre ich zu verwenden
Hat mich noch rechtzeitig
Unruhig gemacht.

Hildegard Huber

Ach so? Stimmt das wirklich?
Sie fühlen sich wohl? Keine
Der für Sie doch eher typischen
Verstörungen? Zugegeben:
Ihre Stimme klingt heute
Entschlossen – Verzagtes paßt besser zu Ihnen.
Sie haben in der letzten Zeit öfter
Mit dieser Art Stimme
Über sich selber die Auskunft verweigert.
Denn so sehe ich es, ich kenne Sie doch
Sie verstellen sich bloß.
Glauben Sie mir, ich besitze alles,
Aber auch alles Verständnis für Sie
In dieser Pose, für dieses Berührungsverbot.
Sie werden belästigt, zu viele Leute
Machen ungerechtfertigte Ansprüche
Auf Sie geltend – schützen Sie sich!
Aber mich, mich müssen Sie auslassen
Ich meine es gut, ich bin Ihnen nah
Ich will nichts von Ihnen.
Nur sollen Sie wissen:
Da ist immer und ewig
Die Hildegard Huber mit ihrem Telephon
Die will nichts von mir.
Die ist immer und ewig
Bereit mit der passenden Tonlage
Auf die Verzweiflung zu reagieren.
Im übrigen: sollte es wirklich ausnahmsweise zutreffen
Daß es Ihnen wirklich ausnahmsweise gut geht
So wäre ich skeptisch, sehr skeptisch
In recht großer Sorge um Sie, meine Liebe,

Vergessen Sie doch nie, bitte
Was für Sie typisch ist:
Ihre Identität.

Das war einmal

Eines Tages werden mir schließlich doch
Sämtliche Vorderzähne beim Biß in den Apfel
Aus dem Munde brechen.
Eines Tages werde ich wirklich
Mitten in einer Bewegung
Schließlich doch ganz erstarren.
Würde ich anstatt die Lider zusammenzukneifen
Genauer hinschauen, dann
Ja dann wüßte ich ja heute schon Bescheid:
Das da sind auf den Baumästen
Statt der üblichen Vögel
Flugunfähige kleine Pelztiere.
Wenn ich dieses Taxi herbeiwinken würde
Und nicht vorsichtshalber das nächste
Wäre der Mann am Steuer mein Verleger.
Längs der gewohnten Straße im Sommer
Nach Holland
Haben fleischfressende Kühe
Nicht gegrast.
Und mein Lieblingsgedicht ist folgerichtig
DUNKEL WARS DER MOND SCHIEN HELLE gewesen.
Es passiert schon noch: aus lauter Höflichkeit
Für dieses Lehrerehepaar
Das mir erziehungspolitische Probleme unterbreitet
Werde ich meinen Zug einfach davonfahren lassen.
Eines Tages werde ich in der Tat
Überhaupt nicht mehr
Aussteigen können.
Aus und vorbei mit dem alltäglichen Glück
Und kein Satzzeichen mehr
Nicht der geringste Luftzug.
Von keinem Fenster und von keiner Tür

Auf der Welt wird jemand noch sagen können
Daß ich sie geöffnet habe.
Ja das war einmal.
Und ICH war es, ich bin es nicht ungern gewesen.

Bei Kaffee und Kuchen

Mittendrin fällt es dann doch
Dem einen oder andern auf
Mitten im Kuchenessen an der Kaffeetafel
Mitten im überfälligen
Verwandtschaftlichen Austausch
Daß ich etwas störend wirke
Es entsteht ganz kurzfristig
Eine kleine Unruhe durch mich.
Mein Onkel aus Hamburg
Will in aller Ausführlichkeit mit mir
Über den Unterschied zwischen
Kritischem und schöpferischem Impetus reden
Meine nach Mannheim verschlagene Patentante
Stellt Familienähnlichkeiten fest
Ich sehe aus, sie will es so
Wie ihre Tochter
Mein angeheirateter anderer Onkel
Sitzt wie ein schon jetzt etwas überflüssiger
Schuldbewußter Überrest da
Nimmt aber Zucker in den Kaffee
Seine Frau hat sich
In seine Geschäftswelt eingearbeitet
»So kann ich jederzeit
Wenn er mal nicht mehr ist
Alles selbständig weiterführen.«
Wir haben uns alle so lang nicht gesehen
Jeder war inzwischen
In der Mailänder Scala, in Paris, im Tessin –
Wo bleibt denn mein Beitrag zu den Gesprächen?

Für Ruhe sorgen

Also: Auf Wiedersehen! Bis dann.
Und gute Reise. Ja, laß es dir gut gehen.
Bitte vergiß es, mir deine Adresse zu geben.
Sei einfach unerreichbar
Benachrichtige mich nicht
Halte mich nicht auf dem laufenden
Und so weiter, jetzt gib mal Ruhe.
Diese ganze noch unfertige Gegenwart
Deine Sätze über dich
Wozu hast du noch
Immer weiter so deine Probleme
Du benimmst dich leider so
Als hätte ich nicht
Ein ganzes Buch über dich geschrieben.
Alle machen mit sich weiter
Unbesorgt darum daß ich in zahllosen Sätzen
Eigentlich diese Verläufe erledigt habe.
Schaut doch hin auf diesen liebevollen Frieden
Zwischen mir und dieser äußerst geliebten Person
Die sich verabschieden konnte
Stille herstellen konnte
Den Schlußstrich
Unter sämtliche Wortwechsel!
Schon könnte man sich sehnen
Sogar nach einem
Der so endgültig
Für Ruhe gesorgt hat.

Totensonntag

Heute müßten wir vielleicht
Ja vielleicht
Wirklich mal was tun
Was andere Leute auch tun.
Mit der Zeit kommt mir der Verdacht
Daß es uns weniger gut bekommt
Als wir hofften
So freigesprochen von den Daten zu leben
So anders als andere Leute
Die jeweils zu Kreuze kriechen
Die an einem Tag wie diesem
Mit eingezogenem Genick
Über die Friedhöfe herfallen
Während für uns feststeht:
Dieser ganzen Kalenderermahnungen
Bedürfen wir nicht
Wirklich, wir doch nicht
Ja vielleicht
Liegt es aber auch am Wetter
Das reimt sich doch nicht
Auf Totensonntag, November und Trauer
Ein so übertrieben blauer Himmel mit Sonne
Ja wirklich, vielleicht doch
Wenn stattdessen eine Art Schneeregen fiele
Und alles dunkelbraun wäre
Dann sähe ich uns bei der Mitarbeit
Dort an den Gräbern
Wirklich vielleicht
Ja vielleicht müßten wir
Einmal wieder die einfacheren Haltungen annehmen
Wir bedürfen der Gedenktage allzu dringend
Es könnte sich etwas ändern

An der täglichen Knochenarbeit
Täglich der Jahreswechsel
Der Geburtstag eines Toten.

Überholvorgang

Also gut, habe ich beinah heiter
Mitten im lebensgefährlichen Überholvorgang
Ruckartig empfunden:
Dann ist das also jetzt der Moment
Nicht sehr passend allerdings
Mit diesen beiden Leuten
Dem Mann am Steuer und seiner Frau –
Ich kenne beide fast nicht –
Wirkt mein Sterbefall eher
Wie eine Verlegenheitslösung in meiner Lebensgeschichte.
Ich war aber einverstanden
Ich habe was übrig
Für sehr gute Autofahrer.

Der gute alte Trott

Ich möchte einen ziemlich umfassenden
Rückzieher machen und absagen
Auch dort, auch diese Verabredung
Schnell aber herzlich genug:
AUF WIEDERSEHEN! Schnell weiter.
So einfach ist es ja gar nicht
Ohne die etwas kriminellen Wünsche
Einen halben Tag lang durch Braunschweig
Zu laufen, im Hotelzimmer
Auf nichts zu warten, nichts endlich
Mal ausführen zu wollen
Klammheimlich: schöne Verstrickung –
Nicht mit mir, mich bekommt man
Nicht mehr zu fassen.
Die ganze Verwirklicherei ist mir
Mittlerweile zu langatmig geworden!
Es ist zeitraubend, was zu erleben
Mir bringt das nichts: Reisefieber
Nichts als Reisefieber
Einen Kater nach dem Abend
Mit Gefühl und Gespräch.
Wenn ich nichts Besonderes vorhabe
Wenn ich außerdem in meinen gewohnten
Spiegel schaue, sehe ich auch nicht
Nach Lebenskrise/Sackgasse aus.
Ich pfeife meine besseren Ideen zurück
Schon ist ja auch meine Phantasie
Diskret geworden
Und ich habe jetzt endlich sogar eine
Höfliche Vorstellung vom
Leben nach dem Tod in Arbeit.

Der Gedichtband

Was diesmal eher nicht auffällt
Ist die Zerrissenheit, eine grundsätzliche
Panik fehlt auch, wie das Überblickhafte
Und Sendungsbewußte, Sie reden etwas zu
Beiläufig, Sie erheben die Stimme nicht
Entweder – oder Sie müßten sie etwas
Beben lassen, bei Lyrik
Arbeiten Sie denn schön schwerblütig an sich selber?
Schreiben Sie überhaupt in Wahrheit
Aus Angst davor nicht zu schreiben?
Warum erledigen Sie diesen Auftrag nicht
Und erzählen eine richtige saftige Geschichte
Über sich selber bei einem Delikt
Für diese Anthologie IM KONFLIKT MIT DEM GESETZ
In Ichform, ein Fall für den Staatsanwalt?
So wenig innere Verworfenheit
Macht bei einem Schriftsteller doch nachdenklich
Dem Genie ist bis zum Mord hin
Jeder geheime Wunsch geläufig, oder?
Man vermißt auch als Leser etwas Unzugängliches
Und Verrätselungen: alles ist nicht
Ahnungsvoll genug.
Wenigstens die Schlußzeilen müßten sich
Verschlüsseln, wirklich, verschließen.
Und dann: Ihre Vortragsart ist zu unbedroht
Wir haben ganz gern bei Dichtern
Und speziell beim Vorlesen von Gedichten
Ein bißchen Gestammel, mehr Hermetik
Sie aber hat man ganz hinten noch gut gehört
Obwohl wir die Mikrophonanlage
Ganz bewußt vorher demontiert haben.
Genau wie die Texte selber ein wenig

Zu anwendbar sind, so sind Sie beim Sprechen
Zu leicht verständlich.
Aber das sind trotzdem nicht alle Fragen
Die wir gern noch an Sie richten möchten.
Wie ernst meinen Sie es überhaupt
Eigentlich mit den Menschen? Wie bitte?
Tja . . . Fliegen tue ich dauernd was zuleide
Mir könnte vor mir grauen: vor einem
Erstklassigen Bürger und vor einem Schreibenden
Dem es auf die gewöhnlichen Beobachtungen ankommt
Sehr, beispielsweise, gerade vorhin auf den Satz:
OHNE DIE FRAU SAH DER GARTEN NOCH BESSER AUS.

Inhalt